AF257441

MÉMOIRE

PRÉSENTÉ

AU GOUVERNEMENT ET AUX CHAMBRES

PAR

LE CONSERVATOIRE

DE LA BIBLIOTHÈQUE DU ROI,

ET RELATIF

A L'ÉTAT ET AUX BESOINS DE CET ÉTABLISSEMENT.

L'IMPOSSIBILITÉ où s'est trouvé le ministre de l'intérieur, et depuis assez long-temps, d'accueillir les diverses demandes de subventions extraordinaires qui lui ont été adressées par la bibliothèque du Roi, fait sentir plus vivement que jamais à son administration l'insuffisance de son budget annuel, et la met dans la nécessité de solliciter instamment une augmentation de ses ressources.

Un des principaux devoirs imposés au Conservatoire de la bibliothèque, par l'esprit comme par la lettre de la loi de 1795 qui l'a institué et organisé, c'est de maintenir chacun des départemens dont elle se compose au rang de supériorité, parmi les collections du même genre, que lui ont permis d'atteindre les ressources dont elle a pu disposer jusqu'ici, et qui convient à l'importance politique et littéraire de la France. Le Conservatoire trahirait ce devoir et manquerait à ce qu'il doit à l'intérêt et à l'honneur du pays, si, faute d'appeler l'attention du Gouvernement et des Chambres sur les besoins trop évidens du magnifique dépôt qui lui est confié, il négligeait les occasions qui se présentent d'ajouter aux richesses de cet établissement, et laissait ainsi déchoir dans l'opinion publique, et tomber au-dessous de ce qu'exigent la culture et la dignité des sciences, une bibliothèque réputée jusqu'ici, à juste titre, la première de la France et de l'Europe. C'est pour ce double motif, c'est dans un intérêt à-la-fois national et littéraire, qu'il importe de soutenir la réputation de cet établissement, et d'empêcher que, dans le progrès aujourd'hui si rapide des découvertes et des connaissances, et dans l'émulation toujours croissante des gouvernemens et des particuliers, il ne descende au troisième ou au quatrième degré, comme cela arriverait infailliblement s'il ne recevait de prompts et importans secours.

Ces secours doivent pourvoir à deux classes de dépenses également utiles, également nécessaires :

1° Aux acquisitions extraordinaires et en quelque sorte imprévues ;

2° Aux acquisitions ordinaires et à l'entretien des reliures.

§ 1.er

ACQUISITIONS EXTRAORDINAIRES.

Depuis assez long-temps, mais surtout depuis environ dix ans, la modicité du budget annuel de la bibliothèque a été reconnue de tous les ministres qui se sont succédé, puisqu'il n'en est aucun qui n'ait accordé, pour des besoins imprévus, et dans des occasions importantes, des subventions extraordinaires. Ces secours ont utilement et puissamment contribué à maintenir, dans chaque département de la bibliothèque du Roi, une supériorité que lui disputent, à des titres divers, les collections de Vienne, de Londres, de Saint-Pétersbourg et de Berlin.

Ces subventions extraordinaires ont été appelées par des circonstances extraordinaires aussi, qui naissent de la nature et de la nécessité même des choses, de certains cas absolument imprévus, tels que des monumens nouveaux qui paraissent, ou des collections, longuement amassées, de manuscrits, de médailles, d'estampes, de livres rares, qui viennent tout d'un coup tomber dans le commerce. Il pourrait, il est vrai, s'écouler des années entières sans qu'il se présentât l'occasion d'acquérir un manuscrit rare et précieux, une médaille unique ou inédite ; et, dans ce cas, les fonds ordinaires de la bibliothèque trouvent toujours leur emploi dans un genre d'acquisitions qui ne s'arrête et ne s'épuise jamais, dans l'ancienne littérature française, et dans la littérature etrangère dont l'activité s'augmente de jour en jour et dont il faut bien que la bibliothèque suive toujours aussi le mouvement. Mais lorsqu'une bibliothèque spéciale, telle que celle de Mac-Carthy ou de Langlès ; lorsqu'un médailler, tel que celui de M. Cousinéry ou de M. Allier de Hauteroche ; lorsqu'une collection d'antiques, telle que celle de M. de Choiseul-Gouffier, ou d'estampes, telle que celle de M. Morel de Vindé, étaient livrés inopinément à la curiosité publique, comment la bibliothèque aurait-elle subvenu, avec ses fonds ordinaires, aux acquisitions qu'il était impossible de ne pas faire ? Et comment encore aurait-elle laissé échapper de pareilles occasions, sans trahir à-la-fois le vœu public, l'intérêt de la science et l'intention du Gouvernement ?

1..

Ces deux motifs, qu'on peut appeler d'ordre public et d'honneur national, n'ont jamais été perdus de vue, ni par l'administration de l'État, ni par celle de la bibliothèque du Roi. Si l'on voulait remonter à un demi-siècle de l'époque actuelle, on verrait que, durant le ministère de M. Amelot, 410,000 francs furent donnés pour l'acquisition des estampes de Mariette, des livres rares de La Vallière, des livres de jurisprudence qui manquaient à cette époque, et du cabinet de médailles de Pellerin. Sous le ministère du baron de Breteuil, 271,000 francs furent affectés à des acquisitions analogues, à un choix de livres remarquables du cabinet La Vallière, à l'œuvre de Rembrant, à la collection de titres vendue par Beaumarchais, aux ouvrages d'histoire naturelle de Camus de Limare, aux médailles de d'Ennery, aux livres imprimés dans le XVe siècle, recueillis par M. de Geneste ; et dans ces mêmes temps, la bibliothèque du Roi ne jouissait pas moins de ses fonds ordinaires, qui s'élevaient, année commune, à 150,000 livres.

Le nouveau régime n'oublia pas non plus les intérêts des lettres et des arts, ni combien un établissement, tel que la bibliothèque du Roi, favorise puissamment leur culture et leur progrès : en 1791, un décret lui accorda 100,000 fr. pour une nouvelle acquisition de livres du XVe siècle ; postérieurement, les subventions extraordinaires furent encore quelquefois en harmonie avec les besoins, les occasions et la dépréciation de la monnaie alors légale.

Plus près de nous et sous le ministère de M. de Champagny, un travail attentif fut fait, de l'ordre exprès de l'Empereur, pour reconnaître et constater les lacunes existantes dans la bibliothèque. A l'égard des seuls ouvrages publiés en France depuis 1784, UN MILLION de francs fut reconnu nécessaire et fut affecté à remplir ces lacunes : un premier à-compte de 134,000 fr. fut payé ;

les circonstances des temps arrêtèrent ensuite l'accomplissement des vœux du Gouvernement, de ceux de l'administration de la bibliothèque.

Dès que la paix générale fut rétablie, les peuples se visitèrent de nouveau, se communiquèrent réciproquement leurs efforts et leurs succès dans les sciences et les arts. Ils constatèrent aussi leurs besoins communs, et la France reconnut qu'elle avait encore d'autres conquêtes à faire. L'administration de la bibliothèque demanda d'y prendre part, et elle trouva auprès du Gouvernement tous les secours extraordinaires que la vente imprévue de collections célèbres lui rendait nécessaires : le ministère de M. Lainé, quoique les temps fussent alors difficiles, lui procura 50,000 francs pour les acquisitions à faire dans le cabinet de Mac-Carthy et la collection de monumens antiques de Choiseul - Gouffier ; de plus , 6,000 francs pour des estampes d'un intérêt incontestable ; et la liste civile ajouta à ces crédits supplémentaires, 20,000 fr. pour concourir à ces mêmes acquisitions. La vente du cabinet des médailles celtibériennes de Florès, et la première collection d'antiquités rapportée d'Égypte par M. Cailliaud, furent aussi l'objet d'un supplément de fonds de 24,000 francs, accordés durant le ministère de M. Decazes. Son successeur, M. le comte Siméon, ne se montra pas moins empressé de faciliter des acquisitions honorables pour la France autant qu'elles étaient réellement utiles , en accordant 36,000 francs pour les médailles du cabinet Cousinéry et les papyrus égyptiens de Casati. Enfin le ministère de M. le comte Corbière ne fut pas moins favorable aux grands intérêts que l'administration de la bibliothèque du Roi s'est toujours fait un devoir de proclamer et de défendre : 159,000 francs de crédit supplétif furent obtenus durant ce ministère, pour le zodiaque de Dendéra, pour la deuxième collection Cailliaud , les livres de Lan-

1...

glès, les médailles de MM. Durand et Cadalvène, les estampes de Denon et Desenne, et le magnifique exemplaire imprimé de la charte d'Angleterre. Le dernier de ces crédits supplétifs est de l'année 1827 ; la somme totale de tous est de 295,000 francs pour quatorze années : la moyenne dépasse donc 20,000 francs par an.

Cette expérience du passé fournit des indications pour l'avenir : elle prouve que le supplément de fonds nécessaire pour les *acquisitions extraordinaires* seulement, doit être porté annuellement à 30,000 francs. L'uniformité des choses justifiera peut-être cette uniformité de calcul, pour quelque temps du moins. Les travaux des savans, les découvertes des voyageurs, l'activité toujours croissante dans la propagation des fruits de l'intelligence, exigeront sans doute un jour qu'on élève cette appréciation spéciale à un plus haut chiffre : mais l'administration de la bibliothèque pense pouvoir, avec ce supplément annuel de 30,000 francs, satisfaire *aux acquisitions extraordinaires* et en même temps aux devoirs que des circonstances, qu'elle ne maîtrise pas, lui imposent trop souvent, et qui déjà ont été pour elle, plusieurs fois, l'objet de ses plus justes et de ses plus vifs regrets.

Et comment, avec la conscience de ses obligations envers le Gouvernement et la France lettrée, n'aurait-elle pas éprouvé profondément de tels sentimens, lorsqu'elle a vu transporter en Russie, presque hors de tout rapport avec les savans français, la collection de manuscrits orientaux formée dans le Levant, par M. Rousseau, consul général de France à Bagdad, collection qui comprenait un grand nombre d'ouvrages importans que la bibliothèque du Roi cherche vainement depuis long-temps?

Lorsque encore, la collection des livres chinois de la bibliothèque du Roi perd chaque jour de sa supériorité primitive à côté des riches collections semblables qui se forment en Angleterre ; qu'un simple particulier, le docteur Morrison, en a formé une qui est quatre fois plus considérable que celle de notre bibliothèque, et que, malgré la difficulté d'acquérir des livres de ce genre, elle n'a pu prendre aucune part à la vente de la collection Morrison, faute de fonds supplémentaires, ni même penser à compléter les collections dont elle possède les commencemens, parce qu'elles exigeraient une dépense extraordinaire de 15 à 20,000 francs?

Lorsqu'enfin, et à cause de la même pénurie de fonds, la bibliothèque est obligée de laisser inactifs le zèle et le dévouement des agens et voyageurs français dans l'Inde, la Perse et la Turquie, qui s'emploieraient si utilement à l'acquisition ou à la transcription de manuscrits sanscrits, tamouls, persans, arabes, turcs, &c., dont les hommes habiles dans ces matières connaissent depuis long-temps toute l'importance historique ou littéraire, mais la connaissent comme un sujet de regrets non moins justes, non moins vifs que ceux que l'administration de la bibliothèque ne peut se défendre d'exprimer ; car pour tout dire, comme elle le doit, la collection des manuscrits orientaux de France pourra bientôt, si toute acquisition importante continuait de lui être interdite par défaut de moyens, se trouver au-dessous de celles qui existent ou qui se forment à Pétersbourg, à Londres et même à Berlin.

Un tel état de choses ne sera certainement pas révélé en vain au Gouvernement et aux Chambres. Associés en quelque sorte, quoique dans une sphère supérieure, aux obligations, à la responsabilité morale de l'administration de la bibliothèque du Roi, ils voudront l'être aussi au bien qui peut se faire, et à des vœux qu'ils s'empresseront de protéger dès qu'ils leur seront connus.

§ II.

ACQUISITIONS ORDINAIRES ET RELIURES.

D'autres besoins non moins importans que ceux qui viennent d'être sommairement exposés, appellent aussi leur concours et leur sollicitude. Tous les départemens de la bibliothèque présentent des lacunes, d'une importance diverse, il est vrai, mais qui ne sont pas moins réelles aux yeux de tous et à ceux des étrangers surtout, plus fiers peut-être qu'affligés de ces lacunes qu'on ne peut dérober à leur connaissance.

L'énoncé très-abrégé des principales, dans chaque département de la bibliothèque, en donnera au moins une idée générale.

1° *Département des Livres imprimés.*

Un grand nombre de bons livres imprimés en France durant les longues années où le dépôt d'un exemplaire à la bibliothèque ne fut pas prescrit, et même des temps antérieurs, lui manquent aujourd'hui et ne peuvent y entrer que par des acquisitions.

Les collections académiques étrangères ne sont point complètes ; les grands ouvrages relatifs aux arts techniques ou aux beaux-arts, les voyages dans les diverses parties du monde, les descriptions de contrées lointaines que l'industrie européenne exploite avec tant de succès, et presque toujours avant la France ; les livres de médecine, de chirurgie, de chimie, d'histoire naturelle, de littérature et d'histoire, écrits dans les diverses langues de l'Europe ; les nombreux ouvrages imprimés dans les Indes et presque inconnus partout, excepté en Angleterre ; les journaux scientifiques qui servent à une si rapide communication des découvertes que chaque jour voit se produire, et sur tant de points divers du globe : toutes ces productions des presses étrangères sont généralement ignorées en France; la bibliothèque du Roi ne les possède pas et ne peut pas les acquérir comme elle le voudrait, ou plutôt comme elle le devrait, puisque leur prix, d'ordinaire assez élevé, les exclut des bibliothèques des particuliers.

Celle du Roi possède la plus belle collection connue de monumens primitifs de l'art typographique; et cette propriété n'est pas oiseuse, puisque la science de ces monumens est une des branches de l'histoire littéraire de l'Europe moderne. La collection de Paris est cependant incomplète; des occasions d'y ajouter d'importans accroissemens se sont offertes, mais l'exiguité des fonds n'a pas permis d'en profiter.

Enfin, et toujours par cette même cause, plus de 60,000 volumes ont besoin d'être reliés : leur mauvais état ne permet plus de les communiquer au public, et ce mal ne pourra que s'accroître jusqu'à ce qu'il ait été pourvu à ce déplorable arriéré.

2° *Département des Manuscrits, Chartes et Diplomes.*

Il y a aussi beaucoup à acquérir, à compléter et à relier dans ce département.

Une collection nombreuse de manuscrits orientaux, formée par feu M. Asselin de Cherville, consul de France au Caire, est en vente aujourd'hui à Paris : elle comprend des ouvrages rares et d'une utilité incontestable pour l'étude approfondie de l'état et de la littérature des peuples anciens ou modernes de l'Orient. Les fonds ordinaires de la bibliothèque ne permettent pas même de penser à cette importante acquisition; et ce ne sera pas non plus pour l'honneur et l'avantage de la France, sa patrie, que cet autre agent français dans le Levant aura employé ses soins et son zèle.

On a vendu à Londres, au mois de mai dernier, la collection des manuscrits sanscrits de feu le général Ch. Stuart : M. Bélanger, voyageur français dans l'Inde, a rapporté à Paris un certain nombre de manuscrits en langue pali. On annonce la mise en vente de la collection célèbre de sir W. Ouseley, collection riche en manuscrits persans, tant modernes et musulmans, qu'anciens et appartenant à la religion des adorateurs du feu. Ces diverses classes d'ouvrages, qui appartiennent aux anciennes époques de la civilisation et de la littérature asiatiques, sont aujourd'hui l'objet de recherches sérieuses et fécondes. Faute de fonds, la bibliothèque du Roi n'a pu acquérir les manuscrits sanscrits qui manquent à sa collection, déjà nombreuse; et elle aura peut-être le déplaisir de voir échapper les autres collections dont on vient de parler.

Avec l'augmentation de fonds que l'administration de la bibliothèque sollicite de nouveau, elle ne perdrait aucun des avantages que lui offrent les collections qu'on transporte à Paris; de plus, elle pourrait, par quelques soins, se procurer dans les bibliothèques publiques de Constantinople, de Smyrne et du Caire, des copies d'importans manuscrits arabes d'histoire ou de géographie, qui manquent en Europe, tels que les voyages d'Ibn-Batouta, les grands ouvrages d'Ibn-Khaldoun, de Masoudi, de Makrizi; et le dévouement des agens consulaires français dans le Levant seconderait pleinement les vues à-la-fois utiles et économiques de la bibliothèque du Roi.

Dans un autre ordre de manuscrits, ceux du moyen âge (les ouvrages en prose ou en vers écrits en anciens dialectes français, les documens historiques originaux, les fondemens même de nos annales nationales), le défaut de fonds n'expose pas à de moindres regrets ni à de moindres pertes. Le nombre de morceaux de ce genre qui sont sortis de France depuis 1814, est très-considérable. Ils ne cessent pas d'être très-recherchés, surtout par l'Angleterre, si intimement mêlée à notre propre histoire. Les débris de nos anciens dépôts historiques et judiciaires sont devenus un objet de commerce; les terriers, les cartulaires, les registres des grandes corporations, les papiers d'état, les lettres des rois, des ministres, des ambassadeurs français, passent la mer ou les frontières; et une grande partie des archives historiques de la France, si les vœux de l'administration n'étaient pas entendus, pourra ainsi se trouver un jour à l'étranger.

Le nombre des manuscrits dont l'état de vétusté compromet la conservation, est de plus de dix mille; il faudrait les faire promptement relier : attaqués par le temps, on les préserve momentanément par un cartonnage, économie misérable dans un dépôt tel que la bibliothèque du Roi, et qui pallie le mal sans le détruire.

Ainsi donc, le département des manuscrits a aussi besoin de plus de fonds; les faits qui viennent d'être exposés en démontrent la nécessité.

3° *Département des Médailles et Antiques.*

Le cabinet du Roi offre des lacunes fâcheuses dans quelques parties de la série, d'ailleurs si belle et si riche, des médailles grecques.

Premièrement, il a laissé échapper une occasion unique de s'enrichir d'une suite de *monnaies d'or primitives,* nommées *statères,* qui faisait partie de la célèbre collection de M. Cousinéry, acquise en totalité par le roi de Bavière. Un beau choix de médailles semblables qui se trouvaient dans une autre collection non moins vantée, et formée aussi par un français, feu M. Allier de Hauteroche, a été également perdue pour le cabinet, faute d'une subvention spéciale, qui a été instamment et inutilement demandée.

Deuxièmement, la suite des *rois du Bosphore, en or,* qu'avait recueillie le même M. Allier de Hauteroche pendant un long séjour à Constantinople et dans le Levant, a passé en Angleterre, par suite du refus d'une subvention extraordinaire, qui, ajoutée à 20,000 francs pris sur les fonds ordinaires de la bibliothèque, eût permis de comprendre cette suite *de rois* dans le choix des médailles grecques rares ou inédites, acquises à cette occasion par le cabinet.

Troisièmement, la bibliothèque aura pareillement le chagrin de voir les collections formées par feu M. Gossellin, et qui doivent se vendre au commencement de l'année prochaine, passer à l'étranger, ou se disperser dans des mains particulières, comme il est arrivé tout récemment pour la collection de M. de Latour-Maubourg, si le Gouvernement ne vient au secours du cabinet, afin de l'aider à acquérir du moins les pièces principales qui lui manquent.

Quatrièmement, la collection des monnaies de France, à partir des commencemens de la monarchie, et sous toutes les époques, est encore très-incomplète; et c'est malheureusement une des lacunes les plus sensibles du cabinet, et l'une de celles qui coûteraient le plus à remplir.

Cinquièmement, parmi les médailles même les plus récentes, telles que celles qui forment la suite historique à partir de 1814, il n'existe *en or,* au cabinet, que les *trois* premières du règne de Louis XVIII; tout le reste manque, aussi bien que la totalité de cette collection *en argent;* et l'on a inutilement réclamé, sous plusieurs ministères, l'allocation des fonds nécessaires pour compléter une *suite,* qui est un *monument historique,* et qui, à ce titre, devrait se trouver au cabinet, n'en fût-il frappé qu'*un seul* exemplaire (1).

____

(1) Il serait indispensable et convenable à-la-fois qu'à l'avenir il fût envoyé de la monnaie un exemplaire, *en chaque métal,* de toutes les

Sixièmement, depuis long-temps les savans et les artistes désirent voir s'exécuter le moulage en plâtre de la collection entière des *pierres gravées* du cabinet : ce vœu s'est renouvelé à l'occasion du présent fait, l'année dernière, au gouvernement français, par le gouvernement prussien, d'un exemplaire des empreintes du cabinet de Berlin. Déjà le cabinet du Roi avait reçu, des gouvernemens autrichien et russe, les collections des empreintes des cabinets de Vienne et de Saint-Pétersbourg ; et il serait de l'honneur du Gouvernement, comme de l'intérêt de la science, que la France pût s'acquitter à son tour, par un présent semblable, envers les gouvernemens étrangers. Cependant une dépense si juste, si nécessaire, si honorable, n'a pu être faite sur les fonds ordinaires de la bibliothèque, et notre collection de pierres gravées, qu'il serait si intéressant à tant d'égards de faire mouler en totalité, reste privée de ce moyen d'échange, tandis que les principaux cabinets de l'Europe en sont depuis long-temps pourvus. C'est un état de choses qu'il serait réellement bien important de faire cesser, et qu'il suffira de signaler au patriotisme des Chambres pour en obtenir la réparation. (La dépense ne dépasserait pas 5,000 francs).

4° *Département des Estampes.*

Jusqu'ici le département des estampes n'a pu obtenir, sur les fonds ordinaires, qu'environ 7,000 francs par an, et avec cette modique allocation, il a fallu pourvoir à-la-fois aux acquisitions, à la reliure des recueils et au collage des estampes.

---

médailles frappées aux frais et sous les auspices du Gouvernement. La distribution gratuite de ces médailles est un privilége pour quelques particuliers. Pourquoi la bibliothèque n'obtiendrait-elle pas la même faveur, lorsqu'elle seule a l'avantage de *conserver* à tout jamais ce qu'elle *possède* une fois ?

Les acquisitions doivent comprendre 1° les publications faites en pays étranger; 2° les pièces qui manquent à la collection, et celles qui, consultées plus fréquemment, finissent par se détériorer; 3° les ouvrages qui se publient en France sur les costumes, les antiquités, les voyages; lesquels, à raison du texte dont ils sont accompagnés, appartiennent au département des livres imprimés. On ne saurait pourvoir à ces acquisitions diverses , sans un fonds annuel de 10,000 francs répartis ainsi qu'il suit :

1° Estampes publiées en pays étranger. . .   2,000^f

2° Ouvrages sur les costumes, les antiquités, les voyages, &c. . . . .   3,000.

3° Pièces qui manquent à la collection, ou qui sont usées. . . . .   5,000.

TOTAL. . . . . 10,000.

De plus, il y a de fâcheuses lacunes à remplir dans le département des estampes : les œuvres du Poussin, des Audran, de Charles Lebrun , et d'autres maîtres de l'école française, sont très-incomplets. L'œuvre du Poussin et celui de Gérard Audran sont à renouveler presqu'en totalité.

Une des plus belles collections de l'Europe (le cabinet de M. Sétiveau) sera mise en vente l'année prochaine à Paris; il s'y trouve des pièces importantes qui manquent au cabinet des estampes : telles sont des gravures de Marc-Antoine, de Morghen, et principalement celles des grands-maîtres de l'école française. La bibliothèque sera-t-elle condamnée à ne faire aucune acquisition ?

Une collection extrêmement utile manque aussi à ce bel établissement : c'est une réunion de pièces diverses, qui présenterait l'histoire de la gravure dans les écoles française, italienne, anglaise, flamande, &c., et qu'on ne doit point former en enlevant aux différens maîtres les pièces qui appartiennent à leur œuvre. Elle ne peut donc être faite que par des acquisitions nouvelles; et la bienveillance du Gouvernement ne saurait manquer à une collection qui est la seule de ce genre en France, ouverte, tous les jours, aux recherches et aux études des artistes et du public, et qui est aussi quelquefois un dépôt légal, où se décident bien des questions de plagiat ou de contrefaçon.

5° *Département des Cartes et Plans.*

Les grandes bibliothèques de l'Europe , et surtout celles du musée britannique, de Vienne, de Pétersbourg, sont beaucoup plus riches en productions géographiques que la bibliothèque du Roi. Dans celle-ci, on cherche en vain plusieurs grandes collections de cette espèce publiées depuis trente ans, ou plus récemment, en Europe et en Amérique. Il n'y a pourtant qu'un dépôt public qui puisse faciliter les études et les recherches géographiques utiles au commerce, aux sciences et aux arts. En effet, les personnes qui sont adonnées, à Paris, à la vente des cartes et atlas, ne possèdent point chez elles les productions importantes publiées à l'étranger, et si elles s'en procurent par fois un ou deux exemplaires, c'est pour des cabinets de particuliers où ces cartes demeurent enfouies.

Or, en quel temps a-t-il été aussi nécessaire d'être au courant des publications géographiques récentes, pour régler les entreprises du commerce dans les contrées nouvellement découvertes, et dans les pays encore peu explorés ? Il est donc indispensable que le département des cartes et plans de la bibliothèque du Roi, soit complété et mis au courant des grandes collections ou atlas géographiques , et qu'on fournisse par là au public et à tous les amis des sciences, une source abondante de notions et de documens les plus exacts et les plus estimés. Nous citerons seulement quelques-unes des lacunes les plus importantes.

La bibliothèque ne possédait aucune des trois grandes collections anglaises consacrées à la description graphique de la Grande-Bretagne : deux viennent de lui être offertes en don ; la troisième manque encore à la collection royale. Il en est de même des cartes publiées dans les possessions anglaises aux Indes Orientales ; des plans et cartes du dépôt royal de Madrid, du dépôt impérial de Saint-Pétersbourg, du bureau topographique de l'état-major autrichien, du dépôt de la guerre de Milan , &c. On ne possède point les collections originales de Lopez, de Rizzi-Zannoni, d'Arrowsmith , de Tanner, les deux nouvelles grandes cartes d'Italie publiées à Milan , l'atlas géographique et physique de la Toscane , la grande carte topographique du Rhin, lithographiée ; la carte topographique de la Bavière en cent cinquante feuilles, la carte topographique de la Souabe , aussi lithographiée et d'une exécution supérieure ; les nouvelles cartes des Colonies orientales du royaume des Pays-Bas; les cartes publiées par les savans géographes Berghaus, Ritter, Hoffmann; les travaux géodésiques du Holstein, par Schumacker, l'atlas de l'Océan pacifique de Krutzenstern, la nouvelle carte du Texas, les atlas publiés dans l'Amérique septentrionale, les grandes cartes des états, notamment celle de l'état de Virginie, &c. Il manque même plusieurs grandes collections des auteurs français (1).

On désire également des cartes ou copies de cartes rares

---

(1) On regrette quelques riches collections géographiques formées à Paris , et emportées en pays étranger depuis plusieurs années.

et anciennes, nécessaires à l'histoire de la science, et indispensables à un dépôt scientifique du premier ordre. L'intérêt du commerce intérieur et extérieur de la France, celui des ingénieurs et des hommes qui projettent des entreprises utiles, réclament hautement une collection complète, où l'on puisse trouver à coup sûr les meilleurs guides géographiques.

Le gouvernement impérial avait promis d'enrichir la bibliothèque des meilleures productions géographiques étrangères, et d'y consacrer une somme de 12,000 fr. Aujourd'hui les besoins n'ont fait que s'accroître par la publication d'une multitude de cartes et d'atlas, bien supérieurs à tout ce qui avait paru au commencement du siècle.

On voit par cet exposé (son objet même et le but dans lequel il est écrit commandaient de l'abréger) que la quotité des fonds ordinaires alloués jusqu'ici à la bibliothèque du Roi, ne peut pas suffire à ce qu'exigent impérieusement le but même et l'intérêt d'un tel établissement, c'est-à-dire,

1° Les acquisitions extraordinaires et de circonstance;

2° Les lacunes considérables que le passé a laissées;

3° L'extension inévitable dans les acquisitions des productions étrangères, pour le présent et pour l'avenir;

4° La nécessité d'assurer la conservation des richesses actuelles, par des frais considérables de reliure et d'entretien.

C'est donc avec l'empressement le mieux justifié, comme avec la plus juste confiance, que le Conservatoire de la bibliothèque du Roi s'adresse au Gouvernement et aux Chambres, pour réclamer une augmentation de ses fonds ordinaires et annuels, et les besoins reconnus ne permettent pas de porter cette augmentation au-dessous de 50,000 francs.

Ce ne sera pas trop en considération de ses besoins, et il n'échappera à personne qu'un plus long ajournement de cette addition de fonds, ne ferait qu'accroître ces besoins et multiplier des chances de détérioration qu'aucun moyen connu ne saurait prévenir.

Le budget annuel de la bibliothèque serait donc porté, par la protection du Roi et des Chambres, à la somme annuelle de 255,000 francs. Il est vrai que, dans d'autres temps, et quand les plus fâcheuses lacunes auront été comblées, l'augmentation qui serait accordée aujourd'hui pourrait être un peu réduite, si le besoin ou l'intérêt de quelqu'autre service public le demandait. Mais, dans tout état de choses, on ne pourrait perdre de vue, ni ce que mérite d'intérêt un établissement national qui, sous la seule dénomination de *bibliothèque*, comprend réellement cinq dépôts distincts par leur nature, et chacun d'eux, du premier ordre, par l'immensité, l'importance et le prix des documens qu'il réunit; ni que ce même établissement doit être maintenu au rang éminent qu'il a pris parmi tous ceux de ce genre que la munificence publique a fondés en Europe; ni enfin que la dignité de la France n'est pas désintéressée dans le sort présent et futur de cet asile qu'elle a si généreusement consacré à toutes les productions de l'esprit humain, aux muses nationales ainsi qu'aux muses étrangères, aux savans de tous les pays attirés irrésistiblement dans la capitale de la France, parce qu'elle est aussi la capitale des sciences, des arts et des lettres. Cette portion de la gloire française vaut bien la peine d'être défendue. Le Conservatoire de la bibliothèque du Roi a puisé dans ce sentiment celui du devoir qu'il remplit aujourd'hui. Les lumières et le patrio-

tisme du Roi et des Chambres lui donnent l'intime persua-
sion qu'il ne l'aura pas rempli sans succès.

Fait et arrêté en Conservatoire, à Paris, le 13 oc-
tobre 1830.

*Les Conservateurs-Administrateurs de la
Bibliothèque du Roi,*

Van Praet,
De Manne, } pour les livres imprimés.

Dacier,
J. P. Abel-Rémusat, } pour les manuscrits, chartes
Champollion-Figeac, } et diplomes.

Raoul-Rochette, pour les médailles, pierres gravées
et antiques.
Thévenin, pour les estampes.
Jomard, pour les cartes et plans.

Certifié,

Le Président du Conservatoire,
Van Praet.

IMPRIMERIE ROYALE. — Décembre 1830.